LES MŒURS,

OU

LE DIVORCE,

COMÉDIE EN UN ACTE, EN PROSE.

Représentée, pour la première fois, sur le théâtre de la Cité, la quatrième Sans-Culottide, de la seconde année Républicaine.

PAR LE CITOYEN PIGAULT-LEBRUN.

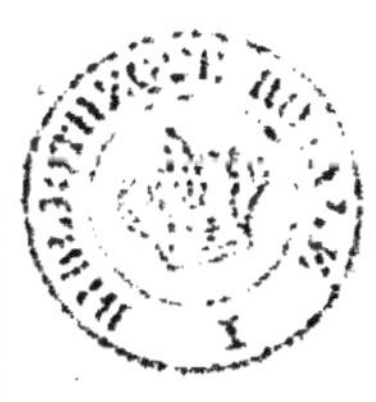

Prix, 30 sols.

A PARIS,

Chez BARBA, Libraire, rue Gît-le-Cœur, n°. 15.

TROISIÈME ANNÉE DE LA RÉPUBLIQUE.

PERSONNAGES.	ACTEURS.
	Les Citoyens:
THÉVENIN, ...	*Villeneuve*.
La citoy. **THÉVENIN** son épouse. .	*La cit. Germain*.
EMILIE leur fille (*).	*La cit. S. Clair*.
DURVAL, amant d'Emilie.	*S. Clair*.

La Scène est à Paris, chez Thévenin.

(*) Ce rôle exige beaucoup de grace, de légéreté, et sur-tout de gaité.

LE DIVORCE,

COMÉDIE.

SCÈNE PREMIÈRE.

EMILIE, DURVAL.

DURVAL.

Je vous épouse donc ?

EMILIE.

Non, Durval, vous ne m'épousez pas.

DURVAL.

Je ne vous épouse pas !

EMILIE.

Non, vous ne m'épousez pas.

DURVAL.

Je vous aime, vous m'aimez, vous venez au moins de me le dire, et vous voulez....

EMILIE.

C'est précisément parce que je vous aime, que je ne vous épouse pas.

DURVAL.

Qui donc épouserez-vous?

EMILIE.

Personne.

DURVAL.

Voilà des mots....

EMILIE.

Qui renferment bien des choses.

DURVAL.

Moi, je ne vois pas cela.

EMILIE.

Oh! l'amour-propre, l'obstination, l'assomante manie de vouloir toujours avoir raison, sur-tout avec les femmes.

DURVAL.

Vous ne me persuaderez jamais, avec votre esprit et vos graces, que j'aie tort en voulant vous épouser.

EMILIE.

Je ne vois pas qu'il soit nécessaire de vous persuader, il me suffit d'être convaincue.

DURVAL.

De l'esprit, encore de l'esprit, et toujours de l'esprit, au lieu de sentiment.

EMILIE.

De l'esprit? mais je crois que j'en ai, et j'en suis bien aise.

DURVAL.

Vous le croyez? moi, j'en suis sûr, et cela me désespère.

EMILIE.

Il seroit plus commode sans doute de n'avoir à combattre que la timidité d'un enfant sortant des mains de la nature, sans défiance et sans art, bien incapable de vous juger, vous autres hommes, et de vous craindre et de vous éviter.

DURVAL.

Oh! on a vu de ces femmes philosophes, maîtresses d'elles-mêmes, revenir enfin à cette nature, dont elles ne s'étoient peut-être écartées que par amour-propre, par obstination, ou par l'assomante manie de vouloir toujours avoir raison, sur-tout avec les hommes.

EMILIE.

Citoyen Durval, vous êtes un impertinent.

DURVAL.

Convenez au moins que vous m'avez donné l'exemple : d'ailleurs, on peut être un impertinent et avoir raison.

EMILIE.

C'est bien difficile...

DURVAL.

Aux yeux des femmes prévenues, obstinées, et....

EMILIE.

Continuez, et je vous épouserai bien moins.

DURVAL.

Qu'importe le plus ou le moins, puisque vous ne m'épousez pas ?

EMILIE.

Non, certes, je ne vous épouse pas.

DURVAL.

Point d'humeur ; elle est inutile, puisque je suis résigné.

EMILIE, *piquée.*

Vous êtes résigné?

DURVAL.

Vous ne me ferez peut-être pas un crime de savoir prendre mon parti ?

EMILIE.

Ah ! vous prenez votre parti ?

DURVAL.

Je pourrois vous amuser davantage en proie à la douleur, au désespoir ; mais c'est un petit plaisir que je ne compte pas vous procurer.

EMILIE.

Poursuivez, Citoyen ; vous êtes charmant.

DURVAL.

Je n'en crois rien : vous me prouvez le contraire.

EMILIE.

Mais je crois en vérité qu'il s'amuse à son tour !

DURVAL.

Vous avez monté la conversation sur ce ton-là : je prends l'unisson.

EMILIE.

Et vous trouvez cela plaisant ?

DURVAL.

Non-seulement plaisant, mais très-utile. Toujours la paix ! quoi de plus triste, de plus fastidieux ? Quelques mots piquans entre gens qui s'aiment, réveillent le cœur, dissipent cette léthargie qui tueroit bientôt le sentiment : et puis n'est-il pas des femmes qui ont besoin de quereller, comme il en est, qui, toutes à la tendresse, n'éprouvent que le besoin d'aimer ?

EMILIE.

Point d'application, s'il vous plait ; vous savez que je ne les aime pas.

DURVAL.

Il faut cependant vous décider à vous entendre dire vos vérités, ou à devenir raisonnable.

EMILIE.

Encore ?

DURVAL.

Oui, à devenir raisonnable.

EMILIE.

Je vous assure, en dépit de votre petit ton piquant, que jamais je n'ai eu tant de raison qu'en ce moment.

DURVAL.

Vous ne prétendez pas sans doute, en ce moment, faire l'éloge de la raison des femmes. (*Emilie fait un mouvement.*) Ne vous emportez pas, et raisonnons, puisque vous êtes raisonnable.

EMILIE.

Soit : raisonnons.

DURVAL.

La conséquence la plus naturelle de la raison est une conduite raisonnée. Voulez-vous bien me faire sentir la force du raisonnement sublime et profond qui vous détermine à refuser ma main?

EMILIE.

C'est donc pour en venir tout bonnement à cette question, que vous bataillez depuis un quart-d'heure? Eh, mon cher ami, que ne vous expliquiez-vous? je vous aurois d'abord mis à votre aise. Je vous aime, beaucoup trop sans doute; mais enfin je vous aime.

DURVAL.

C'est quelque chose: après?

EMILIE.

Et je ne serai jamais à vous, parce que les hommes sont vains, exigeans, volages, sans délicatesse, sans considération, sans ménagemens pour une femme honnête et sensible, toujours cruels dans leur conduite, souvent sans décence dans leurs procédés; enfin...

DURVAL.

Oh, vous ne tarissez pas: supposons la justesse du principe, ce qui heureusement n'est pas démontré, vous conviendrez au moins qu'il est des exceptions....

EMILIE.

Et que s'il n'en existoit pas, il faudroit en faire une en votre faveur.

DURVAL.

Je crois, en vérité, que vous me devez cela.

EMILIE.

Je crois qu'un patriote ardent, servant la chose publique par goût, honoré de la confiance de ses concitoyens, et la justifiant par son zèle et son intelligence; je crois, dis-je, que sous ces rapports, je dois à Durval ma plus sincère estime; mais je crois aussi que tous les amans tendant au même but, doivent avoir les mêmes idées et le même langage, et si on les en croit, tous auront les droits les plus réels à une heureuse exception: aussi n'est-ce pas sur cette classe d'hommes que je juge votre détestable espèce. Parlons des maris, mon cher Durval. En connoissez-vous beaucoup qui rendent leurs femmes heureuses, qui conservent long-temps ces qualités séduisantes qui vous gagnent les cœurs, qui ne passent promptement à la froideur, à la négligence, à l'oubli, et qui, souvent, se permettent pis encore ?

DURVAL.

Je connois, ne vous en déplaise, des ménages où règnent la plus douce harmonie, les vertus paisibles, une félicité inaltérable, et j'en connois beaucoup.

EMILIE.

Oh, beaucoup! vous mentez.

DURVAL.

Dès que vous niez les faits...

EMILIE.

Finissons!... Citez-m'en quatre.

DURVAL.

J'en citerois cent.

EMILIE.

Eh bien, citez-les.

DURVAL.

Vermond, Dubreuil, Courval, (*cherchant.*) Courval... Courval...

EMILIE.

En voilà trois!... après?

DURVAL.

Oh! vous êtes d'une vivacité! je n'ai pas le recensement de Paris dans ma poche.

EMILIE.

En voilà trois, et je conviens des qualités rares de ces trois hommes: mais, mon cher ami, si je voulois citer à mon tour, j'en nommerois mille, qui sont précisément le contraire de Vermond, de Dubreuil et de Courval; et en vérité, je ne jouerai point à un jeu qui présente autant de chances défavorables.

DURVAL.

Ecoutez donc: on n'est ordinairement porté à très-mal penser des autres, que par un très-grand fonds de bonne opinion de soi-même: ainsi, vous devez trouver en vous tout ce qui peut vous rassurer, et fixer ces monstres que vous redoutez tant.

EMILIE.

Nous plaisantions tout-à-l'heure, nous parlons raison maintenant, souvenez vous-en, et n'attendez rien de ces flagorneries d'usage, qui ne me surprendront pas, malgré l'amour-propre que vous voulez bien m'accorder.

DURVAL.

Pourquoi ce ton sérieux? n'attachez donc pas à ces prétendues flagorneries une importance que je n'y mettois point.

EMILIE.

C'est-à-dire, que pour la seconde fois vous mentez, et avec le dessein bien positif de mentir.

DURVAL.

Savez-vous que vous m'embarrassez! votre esprit prend toutes les formes, et avec une promptitude à laquelle je n'ai pas le temps de me préparer.

EMILIE.

Donnez donc au citoyen le temps de prendre ses avantages.

DURVAL.

Vous êtes sans pitié, vous abusez des vôtres.

EMILIE.

Revenons, et généralisons nos idées. Si les femmes les plus intéressantes par leurs qualités physiques et morales sont tous les jours trompées, que dois-je attendre, moi qui m'apprécie à ma juste valeur, et qui ai assez de bon sens pour ne pas me mettre au-dessus de ce qui vaut mieux que moi?

DURVAL.

Les femmes qui vous ressemblent; car je ne dirai mot de celles qui valent mieux que vous; les femmes qui vous ressemblent sont heureuses, lorsqu'elles veulent l'être.

EMILIE.

Et c'est leur faute lorsqu'elles ne le sont pas?

DURVAL.

Mais, je le crois.

EMILIE.

C'est où je vous attendois, et où je vous arrête. Je n'irai pas bien loin pour vous trouver un triste exemple qui ne vous laissera rien à repliquer : quelle femme est plus belle que ma mère ? quelle femme joint autant de graces à tant de modestie ? quelle femme sait mieux qu'elle allier la gaieté décente à l'extrême sensibilité, opposer enfin toutes les vertus de son sexe à tous les vices du vôtre ? et quelle femme fut aussi constamment malheureuse ?

DURVAL.

Je dois vous ménager dans une mère respectable, et je m'interdis toute espèce de réflexions ; je pourrois cependant....

EMILIE, *vivement.*

Justifier mon père. Ah ! tant mieux : je l'aime tant ! il ne manque à mon cœur que de l'estimer davantage.

DURVAL.

Les torts les plus légers sont en effet des fautes graves, lorsqu'ils affligent une femme comme votre mère ; mais n croyez-vous pas que le ressentiment caché qu'inspirent ces mêmes torts fait succéder la froideur à l'amabilité ? ne croyez-vous pas que le dépit, la jalousie même exagère des erreurs, qui ne sont souvent que l'écart de l'esprit, et que le cœur ne se livre enfin à ses passions, que lorsque l'objet qui l'avoit rempli le rend à lui-même, en s'éloignant insensiblement ? Nous jugeons toujours les autres relativement à notre intérêt, et nos idées sont nécessairement celles des individus dont les goûts, les besoins, la situation ont des rapports avec notre manière d'être. Ce sont ces rapports si variés, et pourtant si directs d'une femme à une autre femme, qui vous attendrissent sur le sort d'une mère, qui est à plaindre sans doute, mais dont les maux ne sont pas sans remède, et qui vous portent à juger tous les hommes avec une sévérité que vous vous reprocherez plus tard.

EMILIE.

Monsieur, vous avez une façon de voir qui n'annonce pas une

moralité bien sévère, et qui n'est pas faite pour me ramener à votre sexe en général, ni à vous en particulier. Je conçois qu'une femme négligée qui auroit la force d'aimer seule, de ne rien perdre de sa gaieté, ne laisseroit nulle espèce d'excuse au traître qui la néglige : mais observez que c'est la douleur seule de ce cruel abandon qui absorbe ses qualités aimables ; observez que le spectacle d'une femme malheureuse et souffrante est sans force sur un époux inconstant : que seroit-ce donc si sa femme toujours gaie, toujours aimable, sembloit ignorer sa conduite, ou l'autoriser par une apparente indifférence ?... Il ne m'écoute pas ! Bien loin d'avoir des mœurs, ils ne peuvent même en supporter le langage. Adieu, mon cher ami, je vous jure, par l'amour que j'ai pour vous, de ne jamais vous appartenir. (*elle fait une fausse sortie.*)

DURVAL.

Un moment : ne jurez de rien. Je ne suis pas exagéré ; mais j'ai des mœurs, quoique vous en disiez, et je vous le prouverai.

EMILIE.

Je vous en défie.

DURVAL.

Je vous paroissois distrait, lorsque je ne pensois qu'à vous en donner des preuves qui détruiront jusqu'à l'ombre du soupçon. Votre père est léger ; mais il a le cœur bon, et c'est d'une grande ressource : ce soir je le ramène, je le corrige, je le rends à sa femme, je le jure par l'amour que j'ai pour vous : après cela serai-je un monstre, un....

EMILIE.

Ah ! tu seras du moins un monstre bien aimable !

DURVAL.

Et vous m'épouserez, malgré votre serment ?

EMILIE.

Oh, vous mettez vos services à un prix...

DURVAL.

Rien pour rien, c'est ma devise : allons, êtes-vous décidée ?

EMILIE.

Tenez votre promesse, et comptez sur ma générosité. (*Durval tire ses tablettes, et écrit.*) Que faites-vous ?

DURVAL, *se dictant.*

Tenez votre promesse, et comptez sur ma générosité. (*à Emilie, lui présentant le crayon.*) Signez.

EMILIE.

Mais c'est un engagement que cela?

DURVAL.

Je vous connois, et je prends mes sûretés : signez.

EMILIE, *signant.*

Nous avons beau faire, il faut toujours en passer par ce que veulent ces frippons-là.

DURVAL.

Maintenant, ma femme, convenons de nos faits.

EMILIE.

Oh, le vilain homme ! le vilain homme !

DURVAL.

Votre mère seule est dans le secret de nos amours : votre père ne voit encore en moi qu'un étourdi, raisonnable par fois, et c'est à ces deux titres que je dois sa confiance. Je vais le trouver et faire agir toute l'activité de mon imagination. Que votre mère quitte ce grand négligé qui lui sied à merveille, mais qui ne convient pas à mes projets. De la toilette, beaucoup de toilette. La nature est belle sans doute, mais quelquefois l'art l'embellit encore. Je pars, reposez-vous sur moi. (*il recule deux pas, salue profondément et d'un air très-grave, et s'approchant :*) Voulez-vous bien me permettre...

EMILIE.

Quoi ?

DURVAL.

D'embrasser mon épouse.

EMILIE, *lui faisant une très-profonde révérence.*

Tenez votre promesse, et comptez sur ma générosité.

(*Durval sort.*)

SCENE II.

ÉMILIE, *seule.*

J'AVOIS envie de connoître les détails de son plan ; mais il a de l'esprit, il m'aime, et il fera tout ce que peut faire un homme intéressé au succès. Il y auroit peut-être eu de la mal-adresse à ne pas lui laisser en entier le mérite de l'invention et de l'exécution, et à ne pas m'en rapporter à son amour-propre. Pauvres gens, qui ignorent encore que le plus adroit n'est pour une femme habile qu'un instrument monté au ton qui lui convient! Ne détruisons pas une erreur qui assure notre empire, ne révélons pas les secrets du corps. Voici ma mère : oublions Durval, et son amour, et ses espérances, à qui cependant j'ai donné un certain degré de probabilité, et sur-tout soyons gaie. Si nos saillies ne font pas rire les affligés, au moins leur font-elles un moment oublier leurs chagrins.

SCÈNE III.

EMILIE, la citoyenne THEVENIN.

EMILIE.

J'AI de grandes nouvelles à t'apprendre : de grands événemens se préparent, de grands succès nous sont promis.

La citoyenne THÉVENIN.

Toujours enjouée : quel heureux caractère!

EMILIE.

Ce petit homme, que tu trouves si aimable, et que je me plais tant à tourmenter, veut absolument m'épouser.

La citoyenne THÉVENIN.

Il a raison : je lui crois des mœurs, et je te conseille de te rendre.

EMILIE.

Je n'en suis pas éloignée : j'ai même signé une promesse de mariage....

La citoyenne THÉVENIN.

Une promesse de mariage?

EMILIE.

Oui, mais conditionnelle, et qui ne m'engage à rien, si dans la journée tu ne deviens aussi gaie que moi.

La citoyenne THÉVENIN.

Je ne te comprends pas.

EMILIE.

Les clauses de notre traité sont : le retour d'un frippon qui va te trouver plus aimable que jamais, et ton pauvre petit cœur rendu à un état de calme et de bonheur que rien ne troublera plus.

La citoyenne THÉVENIN.

Encore des chimères....

EMILIE.

Que tu ne nous empêchera pas de réaliser.

La citoyenne THÉVENIN.

Puisses-tu ne pas apprendre un jour que le flambeau de l'amour une fois éteint ne se rallume jamais!

EMILIE.

Et qui t'a dit qu'il soit éteint? une étincelle couve sous la cendre et produit tout-à-coup un nouvel incendie.

La citoyenne THÉVENIN, *souriant.*

Je ne crois pas à ton étincelle.

EMILIE.

Tiens, sers-toi à propos de ce souris enchanteur, et je vois déjà pétiller l'étincelle.

La citoyenne THÉVENIN.

Que tu es folle, ma chère enfant!

EMILIE.

Regardez-moi, s'il vous plait : qu'elle heureuse physionomie! quels traits délicats et expressifs! que de graces! que de charmes! cette teinte de langueur rend ce séduisant ensemble plus intéresant encore : attirons seulement un coup-d'œil de comparaison, et la comparaison rétablit ton empire.

La citoyenne THÉVENIN.

Finis, mon Emilie, finis ces mauvaises plaisanteries.

EMILIE.

Permettez-moi, du moins, de vous représenter avec tout le sérieux que vous exigez, que ce négligé affecté ne vous sied point du tout, que lorsque la nature a tout fait pour vous, c'est l'outrager que cacher ses dons sous cette triste enveloppe, et que vous devez à la reconnoissance de les mettre dans le jour le plus évident. Le docteur Durval prétend que l'art peut encore embellir la nature, et je suis assez de l'avis du docteur : passez à votre toilette, je suis coëffeuse, marchande de modes, et j'entre en exercice.

La citoyenne THÉVENIN.

Mais quelle folie leur passe donc par la tête?

EMILIE.

Le docteur a celle du mariage, j'ai des engagemens avec lui; et si son projet échoue, sans qu'il y ait de sa faute, il s'emportera, il pressera; il faudra que j'épouse, sans tirer de ce mariage le principal avantage que je m'en promettois, et vous sentez le désagrément... Allons, prête-toi un peu, ton intérêt l'exige, l'amitié te l'ordonne, et tu leur seras fidelle à tous deux.

La citoyenne THÉVENIN.

Mais pour que je me prête raisonnablement à cette fantaisie, il faudroit au moins me mettre dans la confidence.

EMILIE.

Je n'y suis pas moi-même; mais que risques-tu? une toilette, cela fait passer un moment. Que de femmes sont heureuses d'avoir une toilette!

La citoyenne THÉVENIN.

C'est quelque chose de bien nul pour un être pensant.

EMILIE.

Eh bien! j'agirai, tu penseras; et pour ne pas te distraire de ta délicieuse mélancolie, je ne dirai mot.

La citoyenne THÉVENIN.

C'est ce dont je doute un peu.

EMILIE.

Parions.

La citoyenne THÉVENIN.

Quoi ?

EMILIE.

Un baiser.

La citoyenne THÉVENIN, *souriant.*

C'est jouer à qui perd gagne.

EMILIE, *embrassant sa mère.*

C'est gagner tous les deux, ce qui vaut mieux encore.

SCENE IV.

EMILIE, DURVAL, la citoyenne THEVENIN.

DURVAL, *avec empressement.*

J'ALLOIS chercher Thévenin, je l'ai apperçu du coin de la rue, sérieux et pensif, contre son ordinaire : je suis retourné parce que j'aime mieux qu'il me rencontre ici. (*à la citoyenne Thévenin.*) Citoyenne, je vous retrouve dans vos habits de deuil, et je n'aime pas cela. (*à Emilie.*) Ma tendre amie, vous êtes toujours rétive, vous n'avez pas exécuté mes ordres : ce sont vos affaires, je vous en avertis. Vous avez signé, vous avez tacitement contracté l'obligation de me seconder ; quand j'aurai fait ce que j'aurai pu, nous verrons de qui viendront les fautes ; et alors malheur à vous, je vous épouse impitoyablement et sans rémission.

EMILIE, *à sa mère.*

Ne t'ai-je pas dit que tu me ferois gronder, et que cet homme-là n'entendroit pas raison ?

La citoyenne THÉVENIN.

Ah ça, mon cher ami, il y a quelque temps que je me prête à des saillies à-peu-près inintelligibles ; j'espère que vous vous expliquerez.

DURVAL.

DURVAL.

Non pas, s'il vous plait ; je n'entends partager avec personne les honneurs du succès : je veux que la fière Emilie convienne enfin que les hommes, tout bonnement, tout naturellement, sont aussi fins, aussi adroits qu'une femme qui en a fait son unique étude.

EMILIE.

Donnez-vous carrière, mon bon ami ; peut-être aurons-nous le malheur d'être époux, et je vous arrêterai....

DURVAL.

Pas si aisément que vous le croyez bien.

La citoyenne THÉVENIN.

Enfin, je ne saurai rien ?

DURVAL.

Oh ! pardonnez-moi, j'ai des bases qu'il faut bien vous communiquer ; d'abord, je suis votre amant, et votre amant aimé.

La citoyenne THÉVENIN.

J'aurai bien de la peine à me prêter à cela.

DURVAL.

C'est jouer la comédie un moment : voilà tout. Songez d'ailleurs que ce moment sera le seul où on aura pu vous jurer qu'on vous aime, sans s'exposer à votre colère, et où vous pourrez être infidelle sans avoir rien à vous reprocher.

EMILIE.

Je devine, je devine.

DURVAL.

En partie, en partie.

La citoyenne THÉVENIN.

Enfin, vous êtes mon amant : après ?

DURVAL.

Vous n'en saurez pas davantage, s'il vous plait : je ne veux pas vous fatiguer la tête : je vous épargnerai jusqu'à la peine de penser et de réfléchir. Soyez mon amante bien tendre et bien aimée, ayez l'air de combattre, si vous voulez ; le tableau en sera plus animé : de la gaité, de la coquetterie, sur-tout devant témoin : soyez, en badinant l'amour, d'une indifférence révoltante pour tout autre. On prendra de l'humeur, vous en rirez ; on voudra s'expliquer, vous persiflerez ; on deviendra tendre, pressant, vous résisterez ; on tombera à vos genoux, et vous pardonnerez.

EMILIE.

Enfin, nous savons tout.

DURVAL.

Non, vous ne savez rien ; il y a des moyens préparatoires qui doivent nous conduire aux grandes scènes : je vous ai confié le dénouement ; mais vous ignorez comment je l'amenerai.

La citoyenne THÉVENIN.

J'aime assez sa manière d'être raisonnable.

EMILIE.

Elle a quelque chose de persuasif.

La citoyenne THÉVENIN.

Je commence à croire qu'il réussira.

EMILIE.

Mais, je commence à le craindre.

DURVAL.

Je ne suis donc pas loin d'invoquer votre générosité.

La citoyenne THÉVENIN.

Moi, je vous appuierai.

EMILIE.

Et moi, je me rendrai.

DURVAL.

Ne perdez pas un moment. Thévenin rêve ; mais Thévenin marche : il va rentrer. Qu'il trouve mon amante parée, comme pour un jour de noce, et qu'au gré de nos communs desirs on termine aujourd'hui un double mariage.

EMILIE.

Allons, ma bonne amie, allons donc. Durval, c'est moi qui vais la parer ; vous applaudirez à mon ouvrage, et vous direz.....

DURVAL.

C'est Vénus embellie par les Graces. (*Elles sortent. Emilie passe son bras droit autour du cou de sa mère ; en se tournant elle présente sa main gauche à Durval qui la baise.*)

SCÈNE V.

DURVAL, *seul.*

La sensible Emilie veut encore avoir l'air de disputer la victoire, et sa fierté n'attend qu'un prétexte pour se rendre. Oh! cet amour, cet amour! il sera toujours en dépit d'elle le maître absolu des deux sexes, et l'heureux conciliateur de leurs petits démêlés.

SCÈNE VI.

DURVAL, THÉVENIN.

THÉVENIN.

Te voilà, Durval? tu me négliges; je ne te vois plus.

DURVAL.

Mon cher Thévenin, mon amitié n'est pas exigeante; sois indulgent à ton tour: parlons de toi, tu ne parois pas gai, et cependant tu as mille raisons de l'être; la fortune, les plaisirs, et sur-tout l'amour!...

THÉVENIN.

Oh, l'amour! mon ami, il est souvent dans notre tête et rarement dans notre cœur.

DURVAL.

Je te vois venir: tu te fatigues de Rosalie.

THÉVENIN.

Mais, je le crois.

DURVAL.

C'est cependant une des belles femmes de Paris.

THÉVENIN.

Elle est belle, d'accord; mais c'est une tête sans expression.

DURVAL.

Grande, bien faite.

THÉVENIN.

Mais point de formes, point de graces.

DURVAL.

De l'esprit.

THÉVENIN.

Oh ! pas du tout.

DURVAL.

De la gaité, au moins.

THÉVENIN.

À force de Champagne ; mais sans finesse, sans agrément, du bruit, et voilà tout.

DURVAL.

Enfin, tu ne l'aimes plus.

THÉVENIN.

Je ne crois pas même l'avoir jamais aimée.

DURVAL.

Le goût du plaisir, l'amour-propre...

THÉVENIN.

Ma foi ! voilà à-peu-près ce qui nous attache à cette espèce de femmes.

DURVAL.

Il est vrai qu'on n'a qu'un moment avec elles ; mais au moyen de l'inconstance, ce moment se renouvelle toujours.

THÉVENIN.

Et la satiété le suit.

DURVAL.

Tu te décourages trop promptement. Je soupe aujourd'hui avec une femme charmante....

THÉVENIN, *avec intérêt et curiosité.*

Qui donc ?

DURVAL.

La jeune Elise, qui ne respire que pour l'amour.

THÉVENIN.

Ton Elise sera bête à miracle.

DURVAL.

Non pas, s'il vous plaît ; c'est à la vérité de l'esprit simple, sans culture, l'esprit de la nature enfin ; mais c'est le véritable.

THÉVENIN.

Et le seul qui puisse plaire.

DURVAL.

Je te présente ce soir.

THÉVENIN.

Allons, soit.

DURVAL.

Ces sortes de complaisances paroissent déplacées, maintenant qu'on s'avise d'avoir des mœurs; mais pourvu qu'on observe les bienséances, quel mal font aux autres des foiblesses qu'on a soin de leur cacher?

THÉVENIN.

Oh! sans doute.

DURVAL.

Pour moi, je ne connois rien d'aussi fastidieux que les mœurs.

THÉVENIN.

Elles ne présentent rien à l'imagination qui la réveille, qui la pique.

DURVAL.

Les mœurs ne sont qu'une vertu de convention qui contraint les hommes, qui resserre, qui isole leur ame, lorsque la nature ne leur présente l'attrait du plaisir que pour les forcer de s'y rendre.

THÉVENIN.

Ce que tu dis là je le pensois depuis long-temps; mais il a toujours manqué à mon bonheur....

DURVAL.

Quoi?

THÉVENIN.

Une femme aimante, mais honnête, foible, mais réservée...

DURVAL.

Une femme enfin, qui tienne à son époux par les procédés, et à son amant par un sentiment de préférence justifié par ses rares qualités.

THÉVENIN.

C'est cela précisément.

DURVAL.

Tu ne penses pas que ces femmes honnêtes cessent de l'être

en ce moment, et que la seule différence qui les distingue alors des femmes galantes, est dans les petits soins qu'elles exigent, dans le mystère dont il faut couvrir ses démarches, dans un mari fâcheux qu'il faut craindre et éviter, et tout cela me paroît insupportable : tu n'estimes pas Rosalie ; estimeras-tu davantage une femme qui se manque à elle-même, qui outrage son époux, qui oublie ses enfans ?

THÉVENIN.

Si une forte passion la détermine...

DURVAL.

En sera-t-elle plus estimable ? D'ailleurs, est-ce à quarante ans qu'on inspire ces passions ? Mon ami, soyons justes, et partageons les femmes en deux classes, celles qui sont vraiment honnêtes et celles qui ne le sont point : respectons les unes, amusons-nous des autres, et allons souper chez Elise.

THÉVENIN.

Allons souper chez Elise. (*un temps.*) Mais, dis-moi donc où tu as passé cette décade entière ? on ne t'a rencontré nulle part.

DURVAL.

Il y a donc une décade entière que tu n'as paru chez toi ?

THÉVENIN.

Et j'ai peut-être tort, je l'avoue.

DURVAL.

Moi, je ne vois pas cela.

THÉVENIN.

Enfin, c'est donc chez moi que tu as passé la décade ?

DURVAL.

Tant que les journées ont pu s'étendre.

THÉVENIN.

Dans le dessein de nous y voir ?

DURVAL.

Pas du tout. Si j'avois voulu te voir, je t'aurois cherché par-tout, excepté chez toi ; d'ailleurs ta société est délicieuse ; mais tu n'es pas aimable en famille, et c'est tout simple, cet entourage est ennuyeux.

THÉVENIN.

Tu es franc, Durval.

DURVAL.

C'est un bien petit mérite ; mais j'ai du moins celui-là.

THÉVENIN.

Tu as passé ici une décade, tu ne m'y cherchois pas...... Mon Emilie seroit-elle pour quelque chose dans cette longue retraite ?

DURVAL.

Ton Emilie ? non : elle est jolie, mais son caractère n'a nulle analogie avec le mien ; elle est d'un esprit difficile, prodigue de traits méchans, toujours satisfaite d'elle-même et mécontente des autres ; cet ensemble ne me convient pas. Pardon, mon ami, si je m'explique librement ; mais je suis franc, comme tu l'observois tout-à-l'heure.

THÉVENIN.

Tu as un but cependant ; car cette assiduité n'est pas dans ton caractère.

DURVAL.

Mon cher ami, je tente une conquête....

THÉVENIN.

Une conquête....

DURVAL.

Qui exige de l'adresse, de la connoissance du cœur humain, et qui flatte singulièrement mon amour-propre.

THÉVENIN.

Durval, tu n'aimes pas ma fille.

DURVAL.

Non, sans doute.

THÉVENIN.

C'est me dire ce que je ne devrois pas entendre.

DURVAL.

Eh, pourquoi ? tu me confie tes foiblesses, je les excuse, je les encourage ; ne puis-je te confier les miennes à mon tour ?

THÉVENIN.

Quelle diable de différence !

DURVAL.

Mais, je crois que tu mets de l'importance à cela; toi, libertin aimable, qui ne connois que la philosophie du plaisir?

THÉVENIN.

Enfin, Monsieur fait l'amour à ma femme.

DURVAL.

Je ne m'y suis attaché d'abord que pour te servir: elle épioit tes démarches; elle éclatoit en plaintes, en reproches....

THÉVENIN.

Et du desir de m'être utile, tu as passé tout naturellement à celui de plaire.

DURVAL.

Oh! tout naturellement. Maintenant ta femme, occupée de ses propres affaires, ne se mêlera plus des tiennes: c'est charmant, mon bon ami.

THÉVENIN, *rêvant.*

Il est vrai que je l'ai un peu négligée.

DURVAL.

Et c'est tout simple. Sa femme! toujours sa femme!

THÉVENIN, *rêvant.*

Elle est bien ma femme.

DURVAL.

Très-bien.

THÉVENIN.

Mais elle est sage.

DURVAL.

N'importe: je m'apperçois qu'elle a besoin d'un consolateur; et puis, je n'ai que vingt-cinq ans, et je peux justifier ces fortes passions dont tu parlois tout-à-l'heure, ces passions qui déterminent une femme honnête à se rendre.

THÉVENIN.

Oui, ces femmes honnêtes qui se manquent à elles-mêmes, qui outragent leurs époux, qui oublient leurs enfans.

DURVAL.

Oh! ce sont de ces réflexions que nous faisons quelquefois, nous autres hommes; mais qui n'échappent jamais qu'aux femmes indifférentes.

THÉVENIN.

C'est-à-dire, que la mienne ne l'est plus?

DURVAL.

Mais je me plais à le croire.

THÉVENIN.

Moi, j'aime à me persuader le contraire: Durval, vous êtes fort aimable, mais...

DURVAL.

Ta femme a déjà eu la bonté de me le dire.

THÉVENIN.

Vous en êtes aux déclarations?

DURVAL.

Depuis quelques jours nous nous sommes tout dit.

THÉVENIN.

Vous en êtes donc...

DURVAL, *en riant.*

Oh! nous en sommes, nous en sommes...

THÉVENIN.

Parbleu! je prétends le savoir.

DURVAL.

Eh, mon dieu, que t'importe?

THÉVENIN.

C'est un peu fort, monsieur Durval.

DURVAL.

Allons, ne va-t-il pas être jaloux sans amour, et seulement pour me contrarier, me punir de la confidence que je lui ai faite, uniquement pour rassurer sa conscience timorée? Que de maris seroient enchantés de pouvoir couvrir leurs erreurs des peccadilles de leurs femmes!

THÉVENIN.

C'est assez plaisanter: expliquez-vous, je vous en prie, et très-sérieusement.

DURVAL.

Je vais rire avec ta femme de la petite scène que nous

venons d'avoir ensemble ; je t'assure qu'elle s'en amusera beaucoup.

THÉVENIN.

Elle en est déjà au point de donner du ridicule à la vertu.

DURVAL.

Oh, la vertu ! mot vuide de sens, tu le sais bien. Au revoir, mon bon ami : à onze heures chez Elise ; je veux que tu t'amuses. (*il sort.*)

THÉVENIN.

Oh, certainement chez Elise : je ne te laisserai pas ici.

SCENE VII.

THÉVENIN, *seul.*

J'AVOIS d'abord remarqué dans cet homme une affectation d'immoralité qui me faisoit soupçonner quelque dessein. Je croyois y voir l'intention de m'ouvrir les yeux sur ma conduite, en renchérissant sur mes erreurs, et cet homme, qui pouvoit avoir un but estimable, ne s'occupoit que de ses intérêts. La vertu seule donneroit-elle des amis ? n'a-t-on sans elle que des victimes, ou des compagnons de ses débauches ?... A quel degré d'avilissement suis-je déjà descendu ? on aime ma femme, on se flatte de lui plaire, et on me méprise assez pour oser me le dire !

SCÈNE VIII.

THÉVENIN, ÉMILIE.

ÉMILIE.

EH, te voilà, mon bon ami : que je t'embrasse pour les absences passées, et pour celles que tu te permettras encore. (*elle l'embrasse*) Toujours aimable, lors même qu'on a à se plaindre de toi : c'est au moment où on te croit à-peu-près perdu qu'on te retrouve, et le plaisir de la surprise ajoute à celui de te revoir.

THÉVENIN.

Toujours sensible, mon Emilie, toujours indulgente.

EMILIE.

Il me siéroit mal de te faire des reproches : au reste, laissons de côté bien des petits détails, qui ne doivent pas me regarder, et occupons-nous du moment. Tu es rentré avec l'intention de nous sacrifier ta soirée : tu soupes avec nous ?

THÉVENIN.

Non pas aujourd'hui, mon enfant : j'ai des engagemens que je ne puis rompre.

EMILIE.

Tu les rompras, mon bon ami, tu feras cela pour ta fille. Quelque vuide que ton absence cause dans ta société, tu n'iras pas aujourd'hui : on criera peut-être un peu ; cela te vaudra le plaisir d'un raccommodement.

THÉVENIN.

Je te sais bien bon gré de tes instances ; mais on compte sur moi, et il est des procédés auxquels on ne manque jamais ; il est des personnes à qui on doit beaucoup.

EMILIE.

(*à part.*) Mademoiselle Elise, par exemple. (*haut.*) Eh ! mon ami, il est des procédés si peu raisonnables et si peu fondés ! Que sont des préjugés comparés à un sentiment ? Tu souperas avec ta fille, elle sera près de toi ; elle est enjouée, elle est tendre ; elle rendra ta soirée agréable : ce ne sera pas du bruit, ta tête ne sera pas exaltée ; mais ton cœur jouira.

THÉVENIN.

(*à part.*) Je crois qu'elle a raison : voilà peut-être la philosophie du bonheur. (*haut.*) Ma chère enfant, demain nous passerons la journée ensemble.

EMILIE.

On ne peut donc pas rompre ce malheureux souper ?

THÉVENIN.

Non, en vérité, non, cela ne se peut pas.

EMILIE.

Eh bien, je t'accompagnerai.

THÉVENIN, *à part.*

Me voilà pris.

EMILIE.

Je ne veux pas te quitter d'aujourd'hui.

THÉVENIN.

Mais pense donc qu'on ne t'attend pas, qu'on trouveroit peut-être étrange...

EMILIE.

Tes amis accueilleront ta fille.

THÉVENIN.

C'est que ce ne sont pas précisément des amis.

EMILIE, *avec une feinte ingénuité.*

Ce sont de simples connoissances?

THÉVENIN.

De simples connoissances.

EMILIE.

Eh bien, je ferai connoissance aussi : je m'anoncerai moi-même, et de manière à faire oublier mon inconséquence.

THÉVENIN.

Mais c'est une plaisanterie, mon enfant.

EMILIE.

Oui, c'est une plaisanterie; mais je suis décidée.

THÉVENIN.

Tiens, mon Emilie, je t'avoue de bonne-foi que tu m'embarrasses beaucoup.

EMILIE.

(*à part.*) Je le crois. (*haut.*) Qui peut t'embarrasser? il me semble avoir levé toutes les difficultés. Tu ne crains pas que ta fille ait à rougir dans une société que fréquente son père?

THÉVENIN, *vivement.*

Oh, non, certainement; mais tu te dois à ta mère, tu la dissipes, et tu ne la livreras pas à elle-même.

EMILIE.

Nous lui laisserons Durval.

THÉVENIN.

(*vivement.*) Non pas, non. (*se reprenant.*) Il est triste, rêveur ; ils s'ennuieroient mutuellement.

EMILIE.

Au contraire, il est d'une gaité folle, sur-tout auprès de ma mère.

THÉVENIN.

D'ailleurs, Durval soupe avec moi.

EMILIE.

Oh, ma mère ne te pardonnera pas cela : Durval lui est devenu nécessaire.

THÉVENIN, *à part.*

J'espère au moins que ma fille n'est pas dans leur secret.

EMILIE.

Autrefois, c'étoient des plaintes, des soupirs, des larmes même... tu sais bien ce que je veux dire.

THÉVENIN.

Oui, je devine à-peu-près.

EMILIE.

Eh bien, mon ami, Durval a dissipé insensiblement tous ces nuages. Ma mère a repris sa santé, son enjouement, son goût pour la parure, son penchant pour le plaisir : oh! Durval est vraiment un homme étonnant, et tu lui as de grandes obligations.

THÉVENIN, *contraint.*

Oui, certainement.

EMILIE.

Je lui dois beaucoup aussi : il est parvenu à me rendre un peu de liberté ; il n'y a pas long-tems encore que je craignois de m'absenter un moment : il sembloit qu'il manquât quelque chose à ma mère quand je n'étois pas avec elle ; maintenant elle m'engage à me dissiper, elle veut que je prenne l'air, que je me promène, que je fréquente les spectacles.

THÉVENIN.

Avec elle?

EMILIE.

Non : avec des femmes qu'elle voyoit autrefois, et que je vois à mon tour.

THÉVENIN, *à part.*

Ma fille les gêne, c'est clair.

EMILIE.

Et c'est Durval qui a opéré ces heureux changemens. C'est une belle chose que l'amitié!

THÉVENIN.

Sur-tout l'amitié de Monsieur Durval.

EMILIE.

Oh! ce n'est pas du tout un ami ordinaire.

THÉVENIN.

Je le crois.

EMILIE.

Il y a cependant des momens où je lui en veux un peu.

THÉVENIN.

Comment donc?

EMILIE.

Il m'a enlevé une partie de la confiance de ma mère, cette confiance dont je m'étois fait une si douce habitude. Suis-je chez elle avec Durval, on a toujours quelque chose de particulier à se dire, et on se parle bas : m'arrive-t-il d'entrer lorsqu'ils sont ensemble, ou l'on se tait tout-à-coup, ou la conversation change sensiblement d'objet.

THÉVENIN, *à part.*

Ils sont prudens au moins.

EMILIE, *à part*

En honneur, je mens avec une incroyable facilité. (*haut.*) Cette reserve m'afflige quelquefois, car il me semble qu'ils ne devroient pas avoir de secrets pour moi.

THÉVENIN.

Et tu ne soupçonnes pas ce qu'ils peuvent se dire?

EMILIE.

Non, et c'est ce qui me pique : aussi quand nos soupers prennent cet air de contrainte, je mange sans avoir l'air de m'appercevoir de rien, et je rentre dans ma chambre.

THÉVENIN, *vivement.*

Et Durval?

EMILIE, *avec une feinte ingénuité.*

Il reste ou se retire; moi je dors.

THÉVENIN, *à part.*

Le désordre qui règne ici n'échappera pas long-temps à sa pénétration; un père sans conduite, une mère qui se contraint à peine, et à qui cependant je ne puis rien reprocher, quel exemple pour cet enfant!

EMILIE.

Il réfléchit, nous le tenons.

THÉVENIN.

Ma fille, je soupe ici; dis à Durval que je ne sors plus, et qu'il est le maître de disposer de sa soirée.

EMILIE.

Et tes amis.... tes connoissances, veux-je dire?

THÉVENIN.

Il faudra bien trouver les moyens d'arranger cela.... je verrai.... j'y penserai. (*à part.*) Que ma femme s'égare, c'est un malheur, sans doute; mais cet enfant, cet enfant... il faut rétablir l'ordre dans cette maison. (*haut.*) Oui, mon Emilie, nous soupons en famille.

EMILIE.

Ce sera pour nous tous un plaisir nouveau, et chacun contribuera à le rendre plus vif; ma mère y mettra le charme de la sensibilité, tu y mettras ceux de la raison, j'y joindrai un grain de gaieté. (*finement.*) Et Durval, quel rôle lui réservons-nous dans tout ceci?

THÉVENIN.

Oh, parbleu! celui qu'il lui plaira.

EMILIE.

Vous deviez sortir ensemble; ne convient-il pas de l'engager à rester?

THÉVENIN.

A la bonne heure; mais qu'il ne se gêne pas cependant: entre amis, liberté entière.

EMILIE, *à part.*

Il est jaloux, il aime encore.

THÉVENIN.

Tu ne te plaindras plus de ton père, il fait tout ce que tu veux.

EMILIE, *à part.*

Du moins cela viendra, je l'espère; un peu malgré lui à la vérité; mais qu'importe comment se fait le bien, pourvu que le bien se fasse.

THÉVENIN.

A quoi rêves-tu, mon Emilie?

EMILIE.

A la petite fête de famille que nous allons célébrer ce soir, et je vais tout disposer. (*à part, en sortant.*) Il est préparé à recevoir toutes les impressions qu'on voudra lui communiquer: frappons plus vivement et plus fort.

SCÈNE IX.

THÉVENIN, *seul.*

MA position est vraiment embarrassante; parler raison à Durval, c'est m'exposer à des plaisanteries, à des brocards; leur opposer la dignité qui convient à un chef de famille, et que j'ai perdue sans retour, c'est me rendre à ses yeux plus ridicule encore.... ma femme étoit sensée, réfléchie, vertueuse même; peut-être est il plus simple et plus facile de lui faire sentir.... si elle aime, que puis-je en espérer, et comment lui demander le plus foible sacrifice, après l'inconduite affreuse que j'ai publiquement affichée!... Cependant cette passion n'a pas dû jetter encore des racines bien profondes : je me plais à croire que le mal n'est pas aussi grand que le vaniteux Durval a voulu me le persuader ; et c'est-là précisément ce qu'il faudroit savoir avant de penser au remède qu'il conviendra d'employer. Cruelle incertitude ! oui, voilà ce qu'il faudroit savoir, et ce qu'ils ne me diront pas.

DURVAL, *en dedans.*

Vous passez dans le salon ?

La citoyenne THÉVENIN, *en dedans.*

Oui, il fait une chaleur mortelle dans ce cabinet.

THÉVENIN.

Les voici ; cachons-nous et écoutons. (*il se cache derrière un secrétaire.*) Il leur échappera sans doute quelques mots, qui, en m'éclairant, mettront un terme à mes irrésolutions.

SCENE X.

La citoyenne THÉVENIN, DURVAL, THÉVENIN.

DURVAL, *bas.*

VOYEZ-VOUS, voyez-vous ses jambes? prend-il intérêt à la chose ! (*la citoyenne Thévenin prend un fauteuil.*) (*haut.*) Eh bien, que faites-vous ? ce siège n'est fait que pour l'indifférence : voilà une ottomane où nous serons à merveilles.

THÉVENIN, *à part.*

Monsieur aime ses aises.

DURVAL.

Et j'aurai du moins le plaisir d'être près de vous.

THÉVENIN, *à part.*

Quelle tournure ! que de graces !

DURVAL.

En vérité, nous devons beaucoup à l'inventeur de l'ottomane, et son nom devroit être inscrit dans l'histoire du cœur. Je touche ce que j'aime, je lis ses sentimens dans ses yeux, je respire son haleine, je prends une main qu'on m'abandonne et que je presse dans les miennes... (*bas.*) Allons donc, un peu de courage, ou la conversation va tomber.

La citoyenne THÉVENIN, *bas.*

Je joue un rôle si neuf pour moi !

DURVAL.

Savez-vous ce que je craignois en passant dans ce salon?

La citoyenne THEVENIN.

Non : qu'est-ce?

DURVAL.

D'y trouver votre mari, et cela n'eût pas laissé de nous déranger un peu.

La citoyenne THEVENIN.

Oh! mon dieu, pas du tout : je lui ai passé vingt fantaisies, il seroit plaisant qu'il voulût s'ériger en censeur.

THEVENIN, *à part.*

C'est pourtant une plaisanterie que je compte me permettre.

DURVAL.

Savez-vous qu'il a pris très-sérieusement l'aveu que je lui ai fait de mon amour? (*bas.*) Allons, ferme.

La citoyenne THÉVENIN.

Cela ne m'étonne pas : l'amour-propre, l'orgueil blessés... Mais ne m'a-t-il pas rendu tous mes droits en reprenant les siens? qu'ai-je besoin de me justifier, et que me fait son opinion? mon cher Durval m'aime.

DURVAL.

Oh! de toute mon ame.

La citoyenne THÉVENIN.

Durval est sûr de moi, et que m'importe le reste.

THÉVENIN, *à part.*

Voilà du positif.

DURVAL, *lui baisant les mains avec transport.*

Charmante, adorable.

THÉVENIN, *à part.*

Oh! oui, et je ne m'en étois pas apperçu.

La citoyenne THÉVENIN, *bas.*

Nous ne sommes pas convenus de tant de gestes, Citoyen.

DURVAL, *bas.*

Ils donnent de la vérité au discours.

La citoyenne THÉVENIN, *bas.*

A la bonne heure; mais soyez d'une vérité plus calme.

THÉVENIN, *à part.*

On se parle bas et de très-près.

DURVAL.

Dites-moi, femme charmante, quand remplirez-vous vos promesses? elles sont trop flatteuses pour que je n'en presse pas l'exécution.

La citoyenne THÉVENIN.

Eh, mais! quand vous voudrez: vous savez à quelle condition je me suis rendue.

THÉVENIN, *à part.*

Comment, rendue!

La citoyenne THÉVENIN.

J'y tiens irrévocablement.

DURVAL.

J'y tiens autant que vous, et l'obligation d'être à jamais heureux doit ajouter à mon bonheur.

THÉVENIN, *à part.*

Allons, ils sont au mieux.

DURVAL.

Je puis donc faire les démarches nécessaires.

La citoyenne THÉVENIN.

Oui, Durval, et je vous y invite.

DURVAL, *bas.*

Ferme, donc, ferme.

La citoyenne THÉVENIN.

Ce n'est pas où nous en sommes que je dois rien dissimuler. Je vous avoue que Thévenin me fatigue, m'excède.

THÉVENIN, *à part.*

Je n'y tiens plus, je grille.

La citoyenne THÉVENIN.

Et que vous me deviendrez plus cher, s'il est possible, en m'en défaisant promptement.

THÉVENIN, *à part.*

Se défaire de moi ! écoutons encore.

DURVAL.

Oui, je vous en déferai, c'est bien mon intention ; et dès aujourd'hui je m'entendrai avec le juge de paix.

THÉVENIN, *à part.*

Le juge de paix se mêle d'une telle affaire !

La citoyenne THÉVENIN.

Vous avez ma procuration ?

DURVAL

Et je ferai valoir vos droits.

THÉVENIN, *à part.*

Quel diable de galimathias !

La citoyenne THÉVENIN.

Pressons donc un divorce dont dépend ma félicité.

THÉVENIN, *à part.*

Ah ! ce n'est qu'un divorce ; le moyen est plus honnête au moins.

DURVAL.

Tout sera terminé dans le plus court délai.

THÉVENIN, *à part.*

Je l'empêcherai bien, ou je ne le pourrai.

La citoyenne THÉVENIN.

Mon cher ami, vous voyez jusqu'où vont et mon amour et ma confiance en vos sentimens ; j'espère ne jamais m'en repentir. Mais revenons aux conditions auxquelles j'ai attaché mon consentement ; rappellez-vous toujours la conduite odieuse de Thévenin : souvenez-vous que la femme la plus tendre cesse d'aimer enfin, quand on l'outrage et qu'on la méprise, et que c'est à l'amour seul qu'on peut conserver son amour. (*bas.*) C'est cela, n'est-ce pas?

DURVAL.

(*bas.*) A merveille. (*haut.*) Moi je négligerois la femme la plus intéressante par ses charmes, son esprit, sa sensibilité ! Non, vivre pour l'aimer et lui plaire, régner sur elle par mille tendres soins, qui seront autant de plaisirs pour mon cœur et d'hommages à sa délicatesse ; voilà les sermens que je fais à l'amour et à l'hymen : recevez-les, femme adorable, et que ce baiser soit le gage de ma sincérité. (*il l'embrasse.*)

La citoyenne THÉVENIN, *se levant.*

Finissez, Durval, ou j'éclate.

DURVAL, *bas.*

Paix donc, paix donc, vous oubliez qu'il est là.

La citoyenne THÉVENIN.

Vous vous oubliez vous-même.

DURVAL, *bas.*

De la vérité, de la vérité, ou nous allons perdre le fruit de nos soins.

La citoyenne THÉVENIN.

Je vous pardonne, mais soyez sage, ou je me brouille avec vous : souvenez-vous que je ne vous ai encore rien accordé.

THÉVENIN, *à part.*

Ah, je respire !

La citoyenne THÉVENIN.

Et que je n'accorderai rien qu'à mon époux.

THÉVENIN, *à part.*

Je le suis et ne cesserai pas de l'être. Ah ! je n'avois besoin que de t'estimer encore pour revenir entièrement à toi.

DURVAL, *bas.*

Il se parle, il n'y tient plus ; l'explosion va se faire. (*haut.*)

J'ai eu tort, je l'avoue, de vous ravir un baiser; je devrois avoir plus d'empire sur moi-même; mais commande-t-on à l'amour? Je sors, je vous quitte à regret; mais c'est pour obtenir plutôt le titre précieux qui peut seul vous rassurer, et qui sera pour moi le garant da vos bontés.

THÉVENIN, *sortant de derrière le secrétaire.*

Moins de feu, moins de feu, ami délicat et vrai.

DURVAL, *jouant l'étonnement.*

O ciel! il étoit là.

THÉVENIN.

Oui, et je connois maintenant l'homme le plus perfide et le plus cruel: quand je suis rentré, ne t'ai-je pas exprimé le dégoût que m'inspirent ces jouissances, dont tu me fais un crime auprès de mon épouse?

DURVAL.

N'avez-vous pas cent fois tenu le même langage?

THÉVENIN.

En as-tu moins employé toute ton adresse pour me plonger dans de nouvelles erreurs dont tu pusses te prévaloir près cette femme trop facile? Vas, sors, délivre-moi de ta présence: quelqu'avenir qui m'attende, j'ai seul le droit de commander ici, seul j'y suis maître encore: sors, te dis-je, ou crains les effets de mon ressentiment.

DURVAL, *riant.*

Oui, Thévenin, tu es le maître ici, et tu le seras toujour dans ta maison: on n'a nul dessein sur tes immeubles.

THÉVENIN, *lui serrant le bras avec force.*

Mais tu en as sur ma femme, bourreau! Toi, tu prétends être à elle! le vice s'allieroit à la vertu, la fausseté à la candeur, le desir grossier à l'amour pur et délicat!

DURVAL.

Ce portrait est celui de bien des hommes, et je n'irois pas loin pour trouver mon pendant.

THÉVENIN.

Ma femme me hait, elle me méprise, je l'ai mérité, et je ne m'en plains pas. Mais, toi, que t'ai-je fait pour me désespérer? réponds, réponds.

La citoyenne THÉVENIN.

Retirez-vous, Durval, c'est moi qui répondrai à cet homme violent; allez, mon ami, et sans vous arrêter à sa vaine colère, occupez-vous de nos projets.

THÉVENIN.

Malheur à lui, s'il fait une démarche!

DURVAL.

Thévenin, on ne m'intimide pas aisément; mais ce n'est pas le moment de ces explications orageuses qu'une femme ne doit pas entendre: je continuerai ce que j'ai si heureusement commencé; je ferai ce que je dois faire, et je vous demanderai plus tard ce que vous pensez de moi. (*il sort en faisant signe à la citoyenne Thévenin de ne pas foiblir.*)

THEVENIN, *à part.*

Il me reste un espoir: ma femme peut n'être pas inexorable. Qu'il tremble si elle se montre inflexible.

SCENE XI.

THÉVENIN, la citoyenne THÉVENIN.

La citoyenne THÉVENIN.

Vous me direz, je l'espère, ce que signifie la scène affreuse que vous venez de vous permettre?

THÉVENIN.

Est-il nécessaire de vous le dire? n'avez-vous pas lu dans mon cœur?

La citoyenne THEVENIN, *froidement.*

Il m'importe peu de savoir ce qui s'y passe; mais mon

repos m'est cher, et j'ignore de quel droit vous y portez atteinte. Ai-je fatigué de mes plaintes, de mes fureurs ces femmes qui, méprisant les mœurs, et même les bienséances, s'étudioient à vous les faire oublier, et savoient cependant que vous aviez une épouse qui souffroit de vos erreurs? me suis-je permis envers vous des emportemens, que ma situation eût peut-être rendus excusables, quand vous m'avez abandonné au sentiment pénible d'un amour dédaigné? J'ai souffert en silence, j'ai dévoré mes larmes, j'ai porté la vertu jusqu'à ménager un ingrat qui déchiroit mon cœur : ce cœur enfin sentit le besoin d'aimer; et, malgré la plus triste expérience, il connut encore un vainqueur. Fidelle aux loix de la décence, j'invoque le divorce que mon nouvel amour me rend nécessaire, et que vos procédés justifient pleinement. Quels reproches maintenant avez-vous à me faire? quels torts pourrez-vous me supposer!

THÉVENIN.

Continuez, ne m'épargnez point, accablez-moi, vengez-vous; mais laissez-moi espérer que ce cruel divorce ne s'accomplira pas.

La citoyenne THÉVENIN.

Je suis incapable de vous tromper.

THÉVENIN.

Ainsi donc vous oubliez sans retour les premières années de l'union la plus heureuse? Mes fautes ont effacé de votre souvenir ces momens délicieux que je me rappelle aujourd'hui pour en regretter plus vivement la perte?

La citoyenne THÉVENIN.

Vous avez tout oublié avant moi.

THÉVENIN.

Je suis un malheureux indigne de pardon : cependant ces jours si fortunés peuvent renaître encore.

La citoyenne THÉVENIN.

N'y pensez plus : il est trop tard.

THÉVENIN.

Cruelle, que dis-tu? vois ma peine, mon repentir, oublie le mal que je t'ai fait, ce dernier triomphe est digne de ta vertu.

La citoyenne THÉVENIN.

Je vous plains: je ne vous aime plus.

THÉVENIN.

Et tu te donnes à Durval?

La citoyenne THÉVENIN.

Ah! je suis toute à lui.

THÉVENIN.

C'est un homme sans moralité.

La citoyenne THÉVENIN.

Vous le jugez avec prévention.

THÉVENIN.

Tu gémiras de l'avoir écouté.

La citoyenne THÉVENIN.

Me traitera-t-il plus mal que vous?

THÉVENIN.

Ainsi tu veux passer ta vie en proie aux douleurs et aux regrets?

La citoyenne THÉVENIN.

Dès long-tems je vous en dois l'habitude.

THÉVENIN.

Tu m'assassines avec le sang-froid d'une cruauté réfléchie. J'ai perdu tous mes droits à ton amour, à ton estime, et même à ta pitié; mais, cruelle! tu as une fille, et je suis son père: crois-tu la ravir à ma tendresse? prétends-tu m'en séparer, ou pourras-tu t'en séparer toi-même? c'est au nom de cet enfant, qui nous est si cher à tous deux, que je t'implore pour la dernière fois: lui donneras-tu le spectacle d'une mère qui rompt ses premiers nœuds, au moment où mon retour à la vertu alloit répandre sur ses jours le bonheur et la paix? Tu t'attendris... tu détourne les yeux... ton cœur m'entendroit-il encore? l'ardeur qui pénètre mon ame a-t-elle passé dans la tienne? Vois ton époux, il est à tes pieds: toi, qui m'as tant aimé, veux-tu me réduire au dernier désespoir?... regarde-moi, par grace: que ces yeux si séduisans et si doux se tournent encore sur les miens, que j'y lise mon pardon, et que nos premiers feux se rallument pour ne s'éteindre jamais!

La citoyenne THÉVENIN, *attendrie jusqu'aux larmes:*

Thévenin, mon cher Thévenin, je souffre de votre douleur; c'est tout ce que je puis.

THÉVENIN: *pendant ce couplet, sa femme lui ouvre insensiblement ses bras.*

Ah! ce n'est pas une compassion stérile qui fait couler tes larmes; la plus douce émotion se peint dans tous tes traits... Non, jamais tu ne me seras étrangère; tu n'en as ni la force, ni la volonté; ton ressentiment cède à mes remords, tes bras s'ouvrent encore pour moi, et je retrouve mon épouse. (*il se jette dans ses bras.*)

La citoyenne THÉVENIN:

Elle n'a pas cessé d'être à toi.

THÉVENIN:

Quoi! ce divorce...

La citoyenne THÉVENIN.

Il est supposé.

THÉVENIN.

Cet amour de Durval...

La citoyenne THÉVENIN.

Il adore ta fille.

THÉVENIN.

Ah! tout est expliqué: quel service vous m'avez rendu! je l'avoue en rougissant, cette leçon est humiliante, mais elle étoit nécessaire. Je m'en souviendrai, ma chère et tendre amie ; ma reconnoissance, mon amour, ma fidélité, te prouveront qu'elle est toujours présente à ma mémoire.

La citoyenne THÉVENIN.

Mon ami, je te crois sincère en ce moment : les sentimens que tu exprimes sont ceux d'une ame honnête rendue à sa pureté première : jettons un coup-d'œil sur le passé, pour n'y jamais revenir. Depuis quelques années, quelle est ton existence ? où sont tes amis ? qu'est devenue l'estime publique, sans laquelle un homme ne peut vivre ? Incapable de penser, au milieu du tourbillon où t'égaroient tes desirs aveugles, tu n'as pas vu les gens honnêtes s'éloigner insensiblement de toi ; tes concitoyens, qui t'accordent des talens, te refuser leur confiance ; tu ne t'es pas apperçu que tu vivois seul, isolé, sans considération, sans autre appui qu'une imagination effervescente, qui t'étourdissoit sur ton état. Un seul être te restoit : victime de tes erreurs, cet être infortuné pleuroit son propre abandon ; ta nullité profonde suivoit tous tes mouvemens, et attendoit en silence le moment où des passions tumultueuses te permettroient de réfléchir... (*Thévenin fait un mouvement.*) Je t'afflige ; pardon, mon bon ami, pardon, c'est malgré moi, c'est la première fois, ce sera la dernière ; mais je veux te rendre à ta Patrie, à ta famille, en te rendant à la vertu, à la vertu, sans laquelle il n'est pas de société, et qui repose sur les mœurs : oui, les mœurs sont à la vertu, ce qu'est la vie à la nature.

THÉVENIN.

Poursuis, poursuis, femme étonnante et trop long-tems méconnue.

La citoyenne THÉVENIN.

Compare ton existence passée aux jouisances pures et simples qui te sont réservées. Le lien conjugal n'est doux, l'amitié n'a de charmes qu'autant qu'ils associent des êtres vertueux, animés du desir sincère de contribuer à leur bonheur réciproque. Quel plaisir de se rendre heureux soi-même de la félicité des autres, de jouir des bienfaits que l'on répand sur eux ! ce plaisir se renouvelle à chaque instant de la vie pour le bon époux, le bon père, le bon ami. Il lit le contentement et la joie dans les yeux de sa femme, de ses enfans, de ses amis : tout ce qui l'environne partage ses plaisirs et ses peines, et lui présente l'aspect touchant de la paix et du bonheur. Chéri, considéré, respecté, tout le ramène agréablement sur lui-même : heureux par ses mœurs, fort par sa vertu, sa félicité est indépendante des orages ; elle est établie sur des bases inaltérables. Mon ami, nous nous sommes tout dit : jettons un voile épais sur des souvenirs fâcheux, que nous avons intérêt d'éloigner l'un et l'autre. Que le sentiment soit désormais notre guide, ne regardons plus derrière nous, et vivons dans l'avenir : reprends cette gaieté franche et naïve, cet air riant et ouvert qui annoncent un homme content de lui. Tu parois timide, embarrassé ; allons, mon ami, du courage : prouve à ta femme, à ta meilleure amie que tu l'aime encore, en oubliant tout, comme elle a tout oublié. (*ils s'embrassent.*)

THÉVENIN.

Dispense-moi de parler ; mon ame, repliée sur elle-même, suffit à peine à ses sensations.

La citoyenne THÉVENIN, *souriant et le conduisant à l'ottomane.*

Une chose m'inquiète maintenant ; ces enfans me feront peut-être une querelle, mais une querelle !

THÉVENIN.

Comment donc ?

La citoyenne THÉVENIN.

J'avois promis de me taire encore, de prolonger une épreuve.... (*Thévenin fait un geste.*) J'ai senti qu'elle étoit inutile, tu souffrois, je t'aime, pouvois-je garder le silence ? Les voici.

SCÈNE XII.

THEVENIN, la citoyenne THEVENIN, EMILIE, DURVAL.

La citoyenne THÉVENIN, *souriant.*

Le joli meuble qu'une ottomane! on touche ce qu'on aime, on lit ses sentimens dans ses yeux, on presse sa main dans les siennes....

EMILIE.

C'est-à-dire que le Citoyen sait tout; mon cher Durval, nous sommes joués à notre tour; mais on ne peut l'être plus agréablement: ma mère a retrouvé son époux, c'est à présent que je retrouve mon père. (*elle l'embrasse et s'assied sur l'ottomane*).

La citoyenne THÉVENIN.

Durval, il reste encore une place, qui vous plaira bien autant que celle que vous occupiez tantôt.

DURVAL, *s'asseyant.*

Mon cher Thévenin me pardonne-t-il l'inquiétude que je lui ai causée?

THÉVENIN.

Il n'y pensera jamais que pour vous aimer davantage.

DURVAL, *tirant ses tablettes et lisant.*

Tenez votre promesse et comptez sur ma générosité. (*à Thévenin.*) Mon ami, approuvez-vous....

THÉVENIN, *prenant les tablettes et se dictant.*

J'ordonne à ma fille d'être juste.

EMILIE, *donnant sa main à Durval.*

Et ta fille obéit.

La citoyenne THÉVENIN.

Mon ami, mes enfans, que le tableau de ce moment soit celui de toute notre vie. (*On finit la pièce assis.*)

FIN.

On trouve chez le même Libraire, les pièces de théâtre ci-après :

Agricol Viala, ou le jeune Héros de la Durance, fait histor. et patr. en un acte, et chant. . . . . 1 l. 5 s.

Amour et Valeur, ou la Gamelle patriotique, en deux actes. 1 5

La Mort du jeune Barra, drame en un acte, par le citoyen Briois. 1 5

Le Bienfait récompensé, com. en un acte, en prose. . 1 5

Les Crimes de la Noblesse, ou le Régime féodal, pièce en cinq actes, par la citoyenne Villeneuve. . 1 10

Le Mari Coupable, comédie en trois actes, par la même. 1 10

Les Dragons et les Bénédictines, comédie en deux actes, par le citoyen Pigault-Lebrun. 1 10

Les Dragons en Cantonnement, comédie en un acte, par le même. 1 10

Charles et Caroline, ou les Abus de l'ancien Régime, comédie en cinq actes, en prose avec les changemens, par le même. 1 10

L'Orphelin, comédie en trois actes, par le même. . 1 10

Le Sourd, ou l'Auberge pleine, com. en trois actes. . 1 10

Les Peuples et les Rois, allégorie dramatique, par le citoyen Cizos-Duplessis. 1 10

Les Victimes cloîtrées, drame en quatre actes . . . 1 10

Le véritable Ami des Loix, ou le Républicain à l'épreuve, en quatre actes, de la citoyenne Villeneuve. 1 10

L'Intérieur d'un Ménage Républicain, op. com. en un acte et vaudevilles, de Chastenet. 1 10

La vraie Bravoure, com. en un acte. 1 5

L'Intrigue épistolaire, com. en cinq actes, en vers. . 1 10

Paul et Virginie, opéra en trois actes. 1 10

Zélia, drame en trois actes, mêlé de musique. . . . 1 10

Epicharis et Néron, ou Conspiration pour la Liberté, tragédie en cinq actes, par Legouvé. 1 10

L'École du Village, comédie en un acte, mêlée d'ariettes. 1 10

Le Conteur ou les deux Postes, du citoyen Picard. . .	1	10
L'Ami du Peuple, comédie en trois actes, en vers. . .	1	19
Le Vieux Célibataire, comédie en cinq actes, en vers, par le citoyen Collin-Harleville.	2	
Le même, petite édition.	1	5.
La Mère coupable, ou l'autre Tartufe, drame moral en cinq actes, par le citoyen Beaumarchais. . . .	1	10
La Folie de Georges, ou l'Ouverture du Parlement d'Angleterre, comédie en trois actes, en prose, par le citoyen Lebrun-Tossa.	1	5
Isaure et Gernance, com. en trois actes, par Dumaniant.	1	10

www.ingramcontent.com/pod-product-compliance
Lightning Source LLC
LaVergne TN
LVHW020627110826
845149LV00004B/1078

* 9 7 8 2 0 1 9 2 1 1 4 3 1 *